毎日食べたい!
お粥ごはん

エダジュン

はじめに

以前、スープ専門店で店長をしていた時、
朝ごはんの時間帯に「お粥」をメニューで出していました。
働く前にお粥をフーフーしながら食べているお客さんを見て、
忙しい朝にお粥って、サクッと食べられていいなと思っていました。

また、アジアを旅するのが好きで、タイ、韓国、台湾などに行くと、
朝ごはんの定番で、必ず「お粥」がありました。
体を温めてくれたり、食欲がない時でもサラッと食べられるお粥は、
アジア人の胃袋にも愛される料理だなと感じました。

ただ、日本で見てみると、「お粥」は病気の時に食べる食事という
ネガティブな印象がありますよね。でも、「そんなのもったいない！
お粥はもっと愛される料理だ！」という思いから、この本ができました。

米から時間をかけて炊く「お粥」はもちろん美味しいのですが、
できるだけカンタンに作ってほしいと、
本書では炊いたごはんから作る「入れ粥」をベースにしています。

和・洋・中・エスニックといろいろな味付けだったり、
お粥に合うトッピングもたくさんあり、毎日食べても飽きないほど。
具だくさんのお粥はそれだけで、お腹も心も満たしてくれます。
しかも、ごはんの量は少なくて済むのでヘルシーです！

作り方もカンタン、具材もシンプルでスーパーで手に入りやすい
食材ばかりなので、きっと料理が苦手な方も挑戦しやすいと思います。
すべて、1人分で作れるようにしました。
さぁ、お粥を作ってみましょう！

この本での
「お粥づくり」
3か条！

1

ごはんは温かい状態、だしは冷たい状態から作る！

だしが冷たい状態からのほうが、
ごはんにじっくりと旨味がしみ込みます。

2

ミルク系は水分量を少なく、だし・水系はたっぷり！

ミルク系は水分量を少なくして、カロリーダウン！
また、火にかけすぎると、吹きこぼれやすいので、
少なめにしています。一方、だし系は水分多めにしているので、
食べ応えとサラッとした汁感を楽しんでください。

3

具材は大きめ、小さめに使い分けて切る！

大きめに切ると、食べ応えもあり、
切る手間もかからず、時間がない時にもおすすめ。
小さめに切ると、消化もよく、スプーンの上に
いろいろな具材がのって、一口でたくさんの味が楽しめます。
切り方にも工夫をしてレシピに掲載しています。

こんな人におすすめ！

ダイエットをしている人

全レシピ500kcal以下と、ダイエットをしている人に寄り添うレシピばかり。ここで1点注意！ お粥はサラサラと食べられるので、よく噛むようにしてくださいね。

ファスティングが終わって回復食をしている人

ファスティング（断食）終わりに、お粥はぴったりな食事です。まずは具材の少ない、3章の電子レンジを使うページから作ってみてください！

離乳食・介護食のバリエーションがほしい人

お粥には、離乳食や介護食にも向くものがたくさんあります。食べる人の状態に合わせて、細かくきざんだり、お米をつぶしたりしながら、本書を具材の組み合わせや味付けの参考にしてください。

体調不良で料理を作る気力がない人

風邪をひいたり、体調を崩した時、やっぱりお粥は定番です。でも、作る気力がなく、外に出るのもきつい……。そんな時は、作り置きの冷凍ごはんやレトルトごはんを温めて、電子レンジで作れるお粥をぜひ！

1人暮らしの人

全レシピ1人分で掲載しています。小鍋や電子レンジで作れるお手軽レシピを紹介しています。洗い物も少なくて、短い時間で作れるものばかりなのがうれしい！

冷え性の人

体が冷える方にはポカポカのお粥がおすすめ！ とくに体が温まるしょうがを使ったお粥などもあるので、熱々のうちにぜひ。寒さで体が凍てつく冬はもちろん、夏でもクーラーで冷えきった体を温めるのにも、お粥はぴったりです！

残業終わりで21時以降のごはんを食べがちな人

残業終わりで、クタクタで帰ってきた時にも、自炊をあきらめないでくださいね。乾物や缶詰などをうまく使ったお粥レシピもあります。ごはんの量もお茶わんの約半分！ 罪悪感なくいただけます。

二日酔い、飲みすぎ、食べすぎた人

二日酔いの時って、ごはんを作る気力もなくて、体がダルくて……。でも、なんかお腹が空くというわがままボディなのです（by 著者経験より）。そんな時に、和風だしが効いたお粥はとくにおすすめ！ 荒れ果てた内臓にしみ渡ります（涙）。

お酒の〆に軽く食べたい人

お酒の後の〆誘惑といったら、ラーメン、牛丼、ハンバーグ……。でも、食べてしまったら、翌朝の後悔と体重増は間違いなし！ でも、美味しいんですよね、お酒の後のごはんって。そんな時は、我慢せずにカロリー少なめで消化のよいお粥を！

もくじ

はじめに 2　　こんな人におすすめ！ 4

第1章　お粥づくりのきほん　8

まずはだしから！ 10

ひと手間かけてだしを作ろう！　昆布だし 11　　かつおだし 12　　鶏だし 13

ふわふわの定番粥とさっぱりクイック粥 14

5倍粥と7倍粥 16

お粥にのせるだけ！お手軽トッピング 18

　卵黄しょうゆ漬け　レンチン！温泉たまご　味付け半熟たまご　18
　洋風キヌア　ピリ辛オクラ　ゴーヤ塩昆布　柚子胡椒らっきょう　19
　しらすおかか　アンチョビオリーブ　ザーサイラー油　生姜のきんぴら　20
　しょうゆバターコーン　納豆めかぶ　揚げパン　自家製なめたけ　21
　甘いたまねぎ　桜エビバジル　のりの佃煮　黒酢ジュレ　22
　ベーコン昆布　ねぎ塩ささみ　梅しそ　煎りナッツ　23

第2章　小鍋で簡単！ごちそう粥！ 24

シャケと水菜の粥 26　　　　　　　ソーセージとカブのチーズ粥 28

なすとベーコンのトマト粥 30　　　ガパオ風バジル粥 32

豚肉と大葉のジェノバ粥 34　　　　枝豆とクリームチーズの玄米粥 36

ホタテのペペロンチーノ粥 38　　　サバとニラのコチュジャン粥 40

タコと舞茸の黒胡麻粥 42　　　　　あさりの豆乳粥 44

トマトとブロッコリーのカマンベール粥 46　　鶏そぼろとピーマンの山椒粥 48

えのきの甘酒粥 50　　　　　　　　サーモンとアボカドの北欧粥 52

コンビーフのミルク粥　54

カニとたまごのあんかけ粥　56

納豆キムチ粥　62

明太おろしバター粥　66

ツナとコーンのカレー粥　70

牛しぐれ粥　74

なめこのサンラータン風粥　78

しらすとたくわんのピリ辛粥　82

ひじきときゅうりの冷やし粥　86

あずきの抹茶粥・きなこ粥　90

エビのビスク粥　55

カニカマとたまご豆腐のふわふわ粥　60

タラと春菊のみそ粥　64

酢白菜のゆず粥　68

エビとパクチーのアジアン粥　72

油揚げとエリンギのしょう麹粥　76

ほうれん草とかつお節のポン酢粥　80

タイとみょうがのさっぱり粥　84

バナナのココナッツ粥　88

第3章　電子レンジで作る！すぐでき！お粥ごはん　92

うめ粥　94

ねぎ粥　96

あおさの昆布茶粥　98

オクラの柚子胡椒粥　100

豆苗の生姜粥　102

高菜の八角粥　104

塩昆布とセロリのほうじ茶粥　106

韓国のり粥　108

長芋のすりながし粥　110

レモン粥　95

たまご粥　97

ちりめんじゃことメンマの中華粥　99

野沢菜のわさび粥　101

かぼちゃのしょうゆバター粥　103

とろろ昆布の梅麹粥　105

わかめの胡麻粥　107

桜エビのナンプラー粥　109

グリーンピースの鶏粥　111

第1章 お粥づくりのきほん

だしが香るお粥は、風味豊かな味わいです♪
シンプルなお粥にはトッピングが大活躍！
どれにしようか迷っちゃうくらいの
レパートリー。ゆっくりとお粥を味わえば
お腹も心も満たされます。
一杯で幸せなひとときを。

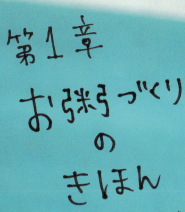

まずはだしから!

味わい深いだしが効いたお粥をふ〜ふ〜しながら、
じっくりと味わって。
きっと、お腹も心も満たされます♪
忙しい時に、ササッと使える「顆粒だし」や「だしパック」でも、
少しの手間で作れる「自家製だし」でも、
その時の気分で使い分けてくださいね!

だしの種類

忙しい時や手間をかけたくない時には、
お手軽な顆粒だしに頼りましょう!
気軽にお粥を作りたい時は、
市販のだしを活用するのがおすすめ。
メーカーによって塩味などが異なるので、お好みで加減してください。

洋風だし(顆粒)　和風だし(顆粒)　鶏だし(顆粒)

顆粒だしは、水に溶かすだけで使えるのでお手軽です。

だしパックは、水を沸騰させた鍋で3〜4分煮出して使いましょう。

和風だし(パック)　鶏だし(パック)

ひと手間かけて だしを作ろう！

自家製だし1

昆布だし

一から作るだしは、香り豊かな風味が特徴。
昆布のやさしい味わいで、さっぱりとしたい時におすすめ。

材料 🥣 約300ml分　　**作り方**

水 … 300ml
だし昆布 … 5g

1　ピッチャーに水を入れる。

2　1に昆布を入れる。

MEMO
だしがらをお粥のトッピングに使えるリメイクレシピ「ベーコン昆布」（P23）も試してみて。

3　冷蔵庫で3時間以上つけて、昆布を取り出す。（時間があれば、12時間ほど浸すのがおすすめ！）

自家製だし2

かつおだし

力強いかつおの味わいが際立つ旨味だし！

材料 🥣 **約300ml分**

熱湯 … 350ml
けずり節 … 10g

作り方

1　耐熱ピッチャーにけずり節を入れる。

2　1に熱湯を注ぎ入れる。

MEMO
だしがらをお粥のトッピングに使えるリメイクレシピ「しらすおかか」（P20）も試してみて。

3　3分ほど置いたら、茶こしでこす。（時間があれば、放置する時間を長めにし、濃いめのだしをとるのがおすすめ！）

自家製だし3

鶏だし

上品であっさりとした中にも、濃厚な鶏の深みが広がります。

材料 約600ml分

水 … 700ml
鶏もも肉(皮付き)
 … 1/2 枚 (150g)
しょうが(薄切り)
 … 1片分(6g)
酒 … 大さじ1
塩 … 少々

作り方

1　鍋に水を入れて、中火にかけたら、沸騰寸前で弱火にし、全材料を入れる。

2　水面がやさしくグラグラと揺れた状態をキープしながら20分ほど煮込む。アクがでてきたら、都度すくう。

MEMO
だしをとった鶏もも肉は、そのままでもジューシーに食べられます。お粥のトッピングはもちろん、きざんでサラダにのせたり、ごま油とねぎとからめて、おかずにしても。冷凍保存をしておけば、スープの具材や混ぜごはんの具材にもなって、とっても便利です。

3　火を止めて、そのまま粗熱がとれるまで冷まし、具材をすべて取り除く。

きほんのお粥1

ふわふわの定番粥 と さっぱりクイック粥

ごはんと水（だし）から作るシンプルな定番粥と
短時間で作れるクイック粥をご紹介します。
同じ材料でも小鍋で火にかける時間で仕上がりが変わる！

ふわふわの定番粥

小鍋 8分
＋
放置 5分

さっぱりクイック粥

小鍋 5分
＋
放置 5分

材料 🍚 1人分

ごはん … 100g
水または、だし … 200ml

\ 材料は同じ！/

作り方

1
小鍋にごはんと水（だし）を入れ、箸などでごはんをほぐしたら、中火にかける。

ふわふわの定番粥

1の水面がグラグラと温まったら、弱火にしてフタを少しずらし、そのまま**8分**ほど温める。

さっぱりクイック粥

1の水面がグラグラと温まったら、弱火にしてフタを少しずらし、そのまま**5分**ほど温める。

2

フタをしめ、火を止めたら、そのまま5分ほどおく。

フタをしめ、火を止めたら、そのまま5分ほどおく。

3

15

きほんのお粥2

5倍粥と7倍粥

胃腸の調子がすぐれず、汁気の多いお粥を食べたい時、
離乳食や噛むのが困難な方にもお粥は大活躍です！
ごはんの量は一緒で水分量が違う5倍粥、7倍粥をご紹介します。

5倍粥

材料 🥣 1人分

ごはん … 50g
水または、だし … 200ml

作り方

1. 小鍋にごはんと水（だし）を入れて、箸などでごはんをほぐしたら、中火にかける。
2. 1の水面がグラグラと温まったら、弱火にしてフタを少しずらし、そのまま10分ほど温める。
3. フタをしめ、火を止めたら、そのまま10分ほどおく。

＼ 水分量が5倍粥の ／
1.5倍！

7倍粥

材料 🥣 1人分

ごはん … 50g
水または、だし … 300ml

作り方

1. 小鍋にごはんと水（だし）を入れて、箸などでごはんをほぐしたら、中火にかける。
2. 1の水面がグラグラと温まったら、弱火にしてフタを少しずらし、そのまま15分ほど温める。
3. フタをしめ、火を止めたら、そのまま10分ほどおく。

MEMO
離乳食として使う時は、米をスプーンなどですりつぶしてからにしましょう。

お粥にのせるだけ！お手軽トッピング

毎日食べても飽きない！23種類のトッピング。
作り置きできたり、サッと作れるレシピがほとんどだから、
忙しい日々でも大助かり。
ちょこちょこトッピングして、お粥の味に変化をつけて、
お粥生活を楽しんでください♪

（たまご3種）

卵黄しょうゆ漬け

材料／2個分
卵黄…2個
しょうゆ…大さじ4

作り方
1. 小さめの容器にしょうゆを入れ、卵黄を浸し、ラップをして6時間以上冷蔵庫で漬ける。

レンチン！温泉たまご

材料／1個分
たまご…1個

作り方
1. 耐熱カップにたまごが浸るほどの水を入れ、たまごを割り入れ、卵黄に1か所爪楊枝で穴をあける。
2. 電子レンジ（600W）で50秒ほど温める。そのまま1分冷ます。

味付け半熟たまご

材料／2個分
たまご…2個
めんつゆ（3倍濃縮）
…大さじ4
水…大さじ3

作り方
1. たまごは常温に戻す。
2. 鍋にたまご2個分が浸るくらいのお湯を沸かし、沸騰した状態を保ちながらたまごを入れ、中火で6分ほど温めて、氷水で4分ほど急速冷却し、殻をむく。
3. ポリ袋に2、めんつゆ、水を入れて、空気を抜き、冷蔵庫で12時間以上漬ける。

洋風キヌア

材料／作りやすい量
キヌア … 大さじ2
洋風スープの素(顆粒) … 大さじ2
水 … 400ml

作り方
1. 鍋に水を入れて中火で温める。沸騰寸前に弱火にし、キヌア、洋風スープの素を入れて10〜15分ほどキヌアがやわらかくなるまで煮込む。

ピリ辛オクラ

材料／作りやすい量
オクラ … 4本
いりごま(黒) … 小さじ1
豆板醤 … 小さじ1/4
しょうゆ … 小さじ1

作り方
1. 小鍋にオクラが浸るくらいの熱湯を沸かし、オクラを1分ほどゆで、水気を切る。
2. オクラの粗熱がとれたら、粗みじん切りにして、ボウルでいりごま、豆板醤、しょうゆと一緒にあえる。

ゴーヤ塩昆布

(冷蔵庫で2〜3日保存可)

材料／作りやすい量
ゴーヤ … 1/3本(正味80g)
塩 … 少々

Ⓐ
- 塩昆布 … 大さじ1
- ごま油 … 小さじ2
- しょうゆ … 小さじ1
- 酢 … 小さじ1

作り方
1. ゴーヤは縦半分に切り、スプーンなどでワタを取り除き、半月切りにして、塩を揉み込み、水で洗い、水気を切る。
2. ボウルに 1、Ⓐを入れてあえる。

柚子胡椒らっきょう

材料／作りやすい量
らっきょう(酢漬け) … 4個
ゆずこしょう … 小さじ1/4

作り方
1. らっきょうを8等分に切って、ゆずこしょうとあえる。

しらす おかか
(冷蔵庫で3〜4日間保存可)

材料／作りやすい量
しらす … 20g
かつお節 … 10g
ごま油 … 小さじ2

Ⓐ
- いりごま（白）… 小さじ1
- 酒 … 小さじ2
- しょうゆ … 小さじ2
- みりん … 小さじ1

作り方
1. フライパンを中火にかけ、かつお節を入れて煎り、水分を飛ばす。
2. 1にごま油、しらすを入れて、油となじませたら、Ⓐで味付けをして、汁気がなくなるまで炒める。

MEMO
P12「かつおだし」で使った
だしがらを活用して♪

アンチョビオリーブ

材料／作りやすい量
オリーブ（グリーン）… 4個
アンチョビ … 1枚

作り方
1. オリーブはタネを除き、アンチョビと一緒にみじん切りにする。

生姜のきんぴら

材料／作りやすい量
しょうが（千切り）… 50g
ごま油 … 小さじ2

Ⓐ
- 酒 … 小さじ2
- しょうゆ … 小さじ1
- みりん … 小さじ1

作り方
1. フライパンを中火にかけ、ごま油をひき、しょうがを入れて炒める。
2. しょうががしんなりとしたら、Ⓐを入れて味付けし、汁気がなくなるまで炒める。

ザーサイラー油

材料／作りやすい量
ザーサイ（市販）… 30g
ラー油 … 小さじ1/4

作り方
1. ザーサイを粗めのみじん切りにし、ラー油とあえる。

しょうゆバターコーン

材料/作りやすい量
コーン（缶詰）… 大さじ4
バター … 5g
しょうゆ … 小さじ1/2

作り方

1. 耐熱皿に全材料を入れて、ふわっとラップをし、電子レンジ（600W）で40秒ほど温めて、よくあえる。

納豆めかぶ

材料/作りやすい量
納豆 … 1パック（50g）
めかぶ … 1パック（35g）
ポン酢 … 小さじ2

作り方

1. 納豆とめかぶは細かくきざむ。
2. ボウルに1、ポン酢を入れて味付けをする。

MEMO
めかぶが味付けの場合は、
ポン酢の量を調整してください。

揚げパン

材料/作りやすい量
バゲット（長さ10cm） … 1本
揚げ油 … 適量

作り方

1. バゲットを縦8等分のスティック形に切る。
2. フライパンに揚げ油を深さ2cmほど入れ、180℃で2〜3分揚げる。

自家製なめたけ

（冷蔵庫で4〜5日保存可）

材料/作りやすい量
えのき茸 … 200g

Ⓐ
- にんにく（薄切り） … 1片分（6g）
- 和風だし … 50ml
- しょうゆ … 大さじ3
- みりん … 大さじ3

作り方

1. えのき茸は3cm幅に切る。
2. 鍋にⒶを入れて、中火にかける。沸騰寸前に弱中火にし、えのき茸を入れて、水分が飛ぶまで煮詰める。

甘いたまねぎ

(冷蔵庫で3〜4日間保存可)

材料／作りやすい量
たまねぎ … 1個
砂糖 … 小さじ1
オリーブオイル … 大さじ1

作り方
1 たまねぎは薄切りにする。
2 フライパンを中火にかけ、オリーブオイルをひき、たまねぎと砂糖を入れて、濃い茶色になるまで15分ほど炒める。

桜エビバジル

材料／作りやすい量
桜エビ … 大さじ2 (5g)
バジル(乾燥) … 小さじ1/4

作り方
1 桜エビは粗みじん切りにして、バジルとあえる。

のりの佃煮

材料／作りやすい量
のり … 全形3枚
水 … 50ml
みりん … 大さじ2
めんつゆ(3倍濃縮) … 大さじ2

作り方
1 のりを細かく手でちぎり、鍋に全材料を入れて、のりがしんなりするまで10分ほど浸す。
2 1の鍋を弱火にかけて、水分がなくなるまで煮詰める。

黒酢ジュレ

材料／作りやすい量
黒酢 … 大さじ4
しょうゆ … 小さじ2
はちみつ … 小さじ2
粉ゼラチン … 1g

作り方
1 小鍋に黒酢、しょうゆ、はちみつを入れて、中火にかける。沸騰寸前に火を止めてゼラチンをふり入れ、混ぜて溶かす。
2 浅めのバットに1を流し入れ、氷水を張ったバットにあてて一気に冷まし、粗熱がとれたら、冷蔵庫で1〜2時間ほど冷やす。

ベーコン昆布

(冷蔵庫で3〜4日間保存可)

材料／作りやすい量

ベーコン(薄切り)… 2枚(30g)
昆布… 5g
にんにく(みじん切り)… 1/2片(3g)
オリーブオイル… 小さじ2
しょうゆ… 小さじ1

作り方

1. ベーコン、昆布は1cm角に切る。
2. フライパンを弱火にかけ、オリーブオイルをひき、にんにくを炒める。にんにくの香りが立ってきたら中火にし、ベーコンと昆布を入れてしんなりするまで炒め、しょうゆを入れて味付けをする。

MEMO
P11「昆布だし」で使った
だしがらを活用して♪

ねぎ塩ささみ

(冷蔵庫で2〜3日間保存可)

材料／作りやすい量

鶏ささみ… 2本
塩… 小さじ1/4
酒… 大さじ1

Ⓐ
- にんにく(すりおろし)… 1片(6g)
- 長ねぎ(白い部分・みじん切り)… 40g
- ごま油… 大さじ2
- 塩、黒こしょう… 各少々

作り方

1. 鶏ささみの表面にフォークで数か所穴をあけ、塩を揉み込む。
2. 耐熱皿に1を並べ、酒を全体にふりかけ、ふんわりラップをして、電子レンジ(600W)で、2分ほど温める。粗熱がとれたら、手で裂く。
3. ボウルにⒶと2を入れてあえる。

梅しそ

材料／作りやすい量

梅干し… 1個(約10g)
大葉… 4枚

作り方

1. 梅干しはタネを除いてたたき、大葉と一緒に細かくきざむ。

煎りナッツ

材料／作りやすい量

ピーナッツ… 10g

作り方

1. フライパンを中火にかけ、ピーナッツの表面に焼き色がつくまで煎る。

第2章
小鍋で簡単！
ごちそう粥！

小鍋でコトコト10分。
長すぎないこの時間がちょうどいい！
フタをあけると、和・洋・中・エスニックの、
バラエティー豊かなお粥の完成♪
たっぷり旨味を吸ったお粥を
"フーフー"しながらどうぞ！

小鍋は
フタつきのものなら
なんでもOK！

シャケと水菜のぞうすい

シャケのふっくらした食感と
水菜のシャキシャキした食感の相性が抜群！

材料 🍽 1人分

- 鶏だし 300ml
- 水菜 20g
- ごはん 100g
- シャケフレーク 30g
- いりごま（白）小さじ1

作り方

1. 水菜は2cm幅に切る。
2. 小鍋にごはん、シャケフレーク、水菜、鶏だし、いりごまを入れ、ごはんをほぐしながら混ぜて、中火にかける。
3. 2の水面がグラグラと温まったら、弱火にしてフタを少しずらしてかけ、10分ほど温める。
4. フタをしめ、火を止めてそのまま5分ほどおく。

MEMO
水菜は少し残しておいて、トッピングに使って。
シャケは焼いてほぐしたものを使っても。

252kcal

490kcal

ソーセージとカブのチーズ粥

\ 粒マスタードを添えても /

カブを焼いて香ばしさをアクセントに！
チーズがボリューム満点の絶品粥。

材料 🍽 1人分

- 牛乳 200ml
- カブ 1個
- ウィンナーソーセージ 1本
- ごはん 100g
- スライスチーズ 1枚
- 洋風だし（顆粒）小さじ½
- オリーブオイル 小さじ1

作り方

1. ソーセージは斜め切りにする。カブは縦8等分に切る。
2. 小鍋にオリーブオイルをひき、中火でカブとソーセージを焼く。カブの両面に焼き色がついたら、ごはん、牛乳、洋風だしを入れ、ごはんをほぐしながら混ぜる。
3. 2の水面がグラグラと温まったら、弱火にして、フタを少しずらしてかけ、10分ほど温める。
4. チーズを手でちぎりながらのせ、フタをしめ、火を止めてそのまま5分ほどおく。

MEMO
ボリュームがほしい方はソーセージを1本増やしても（554kcal）♪

なすとベーコンのトマト粥

トマトの酸味がやみつきに！
パスタソースをヒントに作った濃厚粥。

材料 1人分

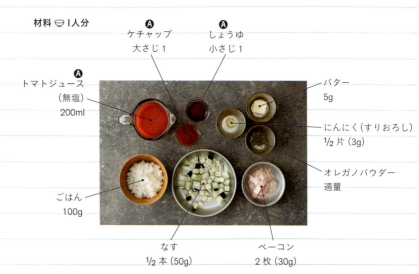

- トマトジュース（無塩） 200ml **A**
- ケチャップ 大さじ1 **A**
- しょうゆ 小さじ1 **A**
- バター 5g
- にんにく（すりおろし） 1/2片（3g）
- オレガノパウダー 適量
- ごはん 100g
- なす 1/2本（50g）
- ベーコン 2枚（30g）

作り方

1 なすは1cm角に切る。ベーコンは短冊切りにする。

2 小鍋にバターを溶かし、中火でなすとベーコンを炒め、ごはん、にんにく、**A**を入れ、ごはんをほぐしながら混ぜて、中火にかける。

3 2の水面がグラグラと温まったら、弱火にしてフタを少しずらしてかけ、10分ほど温める。

4 フタをしめ、火を止めてそのまま5分ほどおく。食べる直前にオレガノパウダーをふりかける。

ガパオ風 バジル粥

タイ料理定番のガパオライスをお粥にアレンジ！
辛さがないのでお子様にも◎。

材料 🍽 1人分

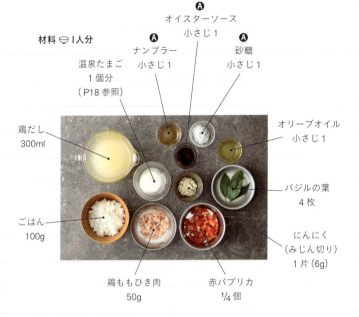

- 温泉たまご 1個分（P18参照）
- ナンプラー 小さじ1 **A**
- オイスターソース 小さじ1 **A**
- 砂糖 小さじ1 **A**
- 鶏だし 300ml
- オリーブオイル 小さじ1
- バジルの葉 4枚
- ごはん 100g
- 鶏ももひき肉 50g
- 赤パプリカ 1/4個
- にんにく（みじん切り）1片（6g）

434kcal

作り方

1. パプリカは1cm角に切る。バジルの葉は手で食べやすい大きさにちぎる。
2. 小鍋にオリーブオイルをひき、弱火でにんにくを炒める。にんにくの香りが立ってきたら、鶏肉、パプリカを入れ、ヘラなどでそぼろ状になるように中火で炒める。
3. 2の鶏肉の半分ほどに火が通ったら、**A**で味付けする。
4. 3にごはん、鶏だしを入れ、ごはんをほぐしながら混ぜて、中火にかける。
5. 4の水面がグラグラと温まったら、弱火にしてフタを少しずらしてかけ、10分ほど温める。
6. フタをしめ、火を止めてそのまま5分ほどおく。食べる直前にバジルを散らし、温泉たまごをのせる。

豚肉と大葉のジェノバ粥

大葉の爽快感をジェノバ風に仕立てて
だしをなじませたリッチ粥！

材料 🥣 1人分

- 鶏だし 200ml
- ごはん 100g
- オクラ 3本
- 豚バラ肉 50g

大葉ジェノバソース

- にんにく（すりおろし） 1/2片（3g）
- 大葉 4枚
- オリーブオイル 小さじ2
- 塩、黒こしょう 各少々

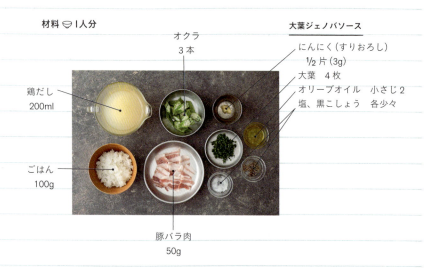

作り方

1. 大葉ジェノバソースを作る。ボウルにみじん切りにした大葉、オリーブオイル、にんにく、塩、黒こしょうを混ぜる。豚肉は3cm幅に切る。オクラは塩少々（分量外）をふりかけ、まな板の上で板ずりをし、水で洗い、斜め切りにする。
2. 小鍋にごはん、オクラ、鶏だし、大葉ジェノバソースを入れ、ごはんをほぐしながら混ぜて、中火にかける。
3. 2の水面がグラグラと温まったら、弱火にして、豚肉を入れ、フタを少しずらしてかけ、10分ほど温める。
4. フタをしめ、火を止めてそのまま5分ほどおく。

462kcal

320kcal

枝豆とクリームチーズの玄米粥

枝豆、塩昆布とクリームチーズの
和と洋の合わせ技が絶妙！

材料 1人分

- 和風だし 300ml
- しょうゆ 小さじ1
- 塩昆布 3g
- 玄米ごはん 100g
- 枝豆（実）50g
- クリームチーズ（ポーションタイプ）1個

作り方

1. 小鍋にごはん、枝豆、塩昆布、和風だし、しょうゆを入れ、ごはんをほぐしながら混ぜて、中火にかける。
2. 1の水面がグラグラと温まったら、弱火にしてフタを少しずらしてかけ、10分ほど温める。
3. フタをしめ、火を止めてそのまま5分ほどおく。食べる直前にクリームチーズをのせる。

ホタテのペペロンチーノ引&

ホタテエキスとペペロンチーノの
コク旨辛味で食欲全開！

材料 1人分

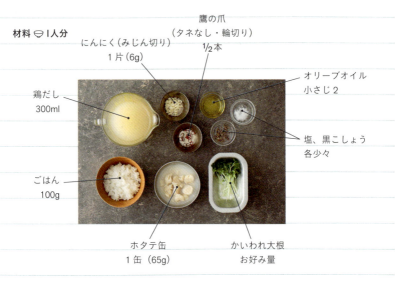

- 鶏だし 300ml
- にんにく（みじん切り）1片（6g）
- 鷹の爪（タネなし・輪切り）1/2本
- オリーブオイル 小さじ2
- 塩、黒こしょう 各少々
- ごはん 100g
- ホタテ缶 1缶（65g）
- かいわれ大根 お好み量

作り方

1 小鍋にオリーブオイルをひき、弱火でにんにくと鷹の爪を炒める。

2 にんにくの香りがたったら、火を止めて、鶏だし、ごはん、ホタテ缶を汁ごと、塩、黒こしょうを入れ、具材を混ぜて、中火にかける。

3 2の水面がグラグラと温まったら、弱火にしてフタを少しずらしてかけ、10分ほど温める。

4 フタをしめ、火を止めてそのまま5分ほどおく。食べる直前にかいわれ大根を添える。

サバとニラのコチュジャン粥

栄養豊富なサバ缶はコチュジャンと相性抜群!
最後まで飽きない韓国風粥。

453kcal

材料 🍽 1人分

- 和風だし 200ml
- にんにく(すりおろし) 1/2 片 (3g)
- コチュジャン 小さじ1
- いりごま(白) 小さじ 1/2
- ごはん 100g
- サバ缶(みそ味) 1缶(120g)
- ニラ 1/2束(30g)

作り方

1. ニラは2cm幅に切る。
2. 小鍋にごはん、ニラ、にんにく、和風だし、コチュジャン、サバ缶のつけ汁を入れて、コチュジャンを溶かしながら、ごはんとあえ、サバを上にのせて、中火にかける。
3. 2の水面がグラグラと温まったら、弱火にしてフタを少しずらしてかけ、10分ほど温める。
4. フタをしめ、火を止めてそのまま5分ほどおく。食べる直前にいりごまをふりかける。

タコと舞茸の黒胡麻粥

黒胡麻担々味をイメージした濃厚リッチ粥。
海と山の幸を一緒に！

材料 🍽1人分

- Ⓐ 鶏だし 300ml
- Ⓐ すりごま(黒) 小さじ2
- Ⓐ みそ 小さじ2
- Ⓐ しょうゆ 小さじ1
- Ⓐ 鷹の爪（タネなし輪切り）1本
- ごはん 100g
- タコ（ボイル）50g
- 舞茸 1/2パック(50g)

作り方

1 タコはぶつ切りにする。舞茸は食べやすい大きさに小房に分ける。
2 小鍋にごはん、タコ、舞茸、Ⓐを溶かしながら入れ、ごはんをほぐしながら混ぜて、中火にかける。
3 2の水面がグラグラと温まったら、弱火にしてフタを少しずらしてかけ、10分ほど温める。
4 フタをしめ、火を止めてそのまま5分ほどおく。

370kcal

あさりの豆乳粥

味に深みのある塩麹がだしがわり！
あさりを豆乳でクリーミーに。

材料 🍚 1人分

- 豆乳（無調整） 200ml
- 黒こしょう 少々
- ごはん 100g
- あさり缶（水煮） 1缶（180g）
- 塩麹 小さじ2

作り方

1. 小鍋にごはん、あさり缶のつけ汁、豆乳、塩麹を入れ、ごはんをほぐしながら混ぜて、中火にかける。
2. 1の水面がグラグラと温まったら、弱火にしてフタを少しずらしてかけ、10分ほど温める。
3. ごはんを軽く混ぜて、あさりの身を入れる。フタをしめ、火を止めてそのまま5分ほどおく。食べる直前に黒こしょうをふる。

トマトとブロッコリーのカマンベール粥

ゴロゴロの具材が食べ応え抜群！
とろけるチーズとお粥をからめてどうぞ。

材料 🥣 1人分

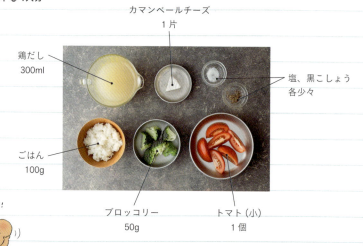

- カマンベールチーズ 1片
- 鶏だし 300ml
- 塩、黒こしょう 各少々
- ごはん 100g
- ブロッコリー 50g
- トマト（小）1個

作り方

1. トマトは縦6等分に切る。ブロッコリーは小房に分ける。
2. 小鍋にごはん、トマトを半分、ブロッコリー、鶏だし、塩、黒こしょうを入れ、ごはんをほぐしながら混ぜて、中火にかける。
3. 2の水面がグラグラと温まったら、弱火にして、フタを少しずらしてかけ、10分ほど温める。
4. 残りのトマトをのせてフタをしめ、火を止めてそのまま5分ほどおく。食べる直前にちぎったカマンベールチーズをのせる。

288kcal

345kcal

鶏そぼろとピーマンの山椒粥

うなぎだけじゃない！
山椒がアクセントになるピリッとシビレ粥。

材料 🍚 1人分

- 和風だし 300ml
- しょうが（みじん切り）1片（6g）
- ごま油 小さじ1
- 粉山椒 小さじ1/4
- ごはん 100g
- 鶏ももひき肉 50g
- ピーマン 1/2個
- Ⓐ 酒 小さじ2
- Ⓐ しょうゆ 小さじ2
- Ⓐ みりん 小さじ1

作り方

1. ピーマンは小さめの乱切りにする。
2. 小鍋にごま油をひき、中火でしょうが、鶏肉をヘラなどでそぼろ状になるように炒める。途中ピーマンも入れてしんなりするまで炒め、Ⓐで味付けして、汁気がほとんどなくなるまで煮詰める。
3. 2にごはん、和風だしを入れ、ごはんをほぐしながら混ぜて、中火にかける。
4. 3の水面がグラグラと温まったら、弱火にしてフタを少しずらしてかけ、10分ほど温める。
5. フタをしめ、火を止めてそのまま5分ほどおく。食べる直前に山椒をかける。

えのきの甘酒粥

飲む点滴といわれる栄養豊富な甘酒を
みそとしょうがでキリッとした風味に♪

材料 1人分

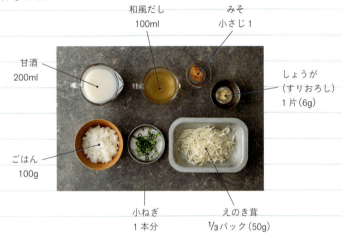

- 甘酒 200ml
- 和風だし 100ml
- みそ 小さじ1
- しょうが (すりおろし) 1片(6g)
- ごはん 100g
- 小ねぎ 1本分
- えのき茸 1/3パック(50g)

作り方

1. えのき茸は2cm幅に切る。小ねぎは小口切りにする。
2. 小鍋にごはん、えのき茸、しょうが、和風だし、甘酒を入れて、みそを溶き、ごはんをほぐしながら混ぜて、中火にかける。
3. 2の水面がグラグラと温まったら、弱火にしてフタを少しずらしてかけ、10分ほど温める。
4. フタをしめ、火を止めてそのまま5分ほどおく。食べる直前に小ねぎをのせる。

366kcal

サーモンとアボカドの北欧粥

北欧の定番の組み合わせをお粥に。
温めたアボカドはトロッとして美味！

材料 🍚 1人分

- 牛乳 200ml
- 塩、黒こしょう 各少々
- 粉チーズ 小さじ 1/2
- 洋風だし（顆粒）小さじ 1/2
- ディル お好み量
- ごはん 100g
- スモークサーモン 3切れ
- アボカド（小）1/2個

作り方

1 アボカドは1cm角に切る。

2 小鍋にごはん、アボカド、牛乳、洋風だし、塩、黒こしょうを入れ、ごはんをほぐしながら混ぜて、中火にかける。

3 2の水面がグラグラと温まったら、弱火にしてフタを少しずらしてかけ、10分ほど温める。

4 サーモンをのせて、フタをしめ、火を止めてそのまま5分ほどおく。食べる直前に粉チーズをふりかけ、お好みでディルをのせる。

459kcal

コンビーフのミルクがゆ

ほぐれたお肉をミルクでやさしく包み込んだお粥。
腹ペコの時におすすめ！

材料 1人分

- 牛乳 200ml
- 黒こしょう 少々
- ごはん 100g
- コンビーフ 1/2 缶 (50g)
- 粒マスタード 小さじ1

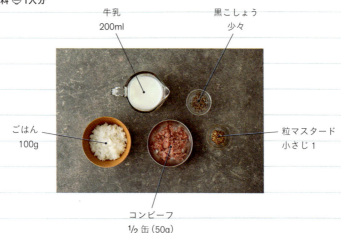

作り方

1. コンビーフは身をほぐす。
2. 小鍋にごはん、コンビーフ、牛乳、黒こしょうを入れ、ごはんをほぐしながら混ぜて、中火にかける。
3. 2の水面がグラグラと温まったら、弱火にしてフタを少しずらしてかけ、10分ほど温める。
4. フタをしめ、火を止めてそのまま5分ほどおく。食べる直前に粒マスタードをのせる。

481kcal

エビのビスク粥

エビの旨味をていねいに引き出した
頑張っている自分へのご褒美粥！

材料 🥣 1人分

- パセリ（粗みじん切り） 適量
- トマト缶（カット） 1/2 缶（200ml）
- むきエビ 40g
- 桜エビ 10g
- 牛乳 200ml
- ごはん 100g
- たまねぎ 1/4 個（50g）
- にんにく（みじん切り） 1片（6g）
- バター 5g
- 塩 小さじ1/4
- 黒こしょう 少々

作り方

1. たまねぎはみじん切りにする。
2. フライパンにバターを溶かし、弱火でにんにくを炒める。にんにくの香りが立ってきたら、中火にしてたまねぎと桜エビを入れ、たまねぎがしんなりするまで炒める。
3. 2にトマト缶、むきエビを入れ、むきエビに火が通るまで煮込んだら、火を止めて粗熱がとれるまで冷まし、ミキサーで撹拌する。
4. 小鍋にごはん、3、牛乳、塩を入れ、ごはんをほぐしながら混ぜて、中火にかける。
5. 4の水面がグラグラと温まったら、弱火にして、フタを少しずらしてかけ、10分ほど温める。
6. フタをしめ、火を止めてそのまま5分ほどおく。食べる直前にパセリ、黒こしょうをふる。

カニとたまごのあんかけ粥

たまごとカニにとろみをまとわせた
とろ〜り粥！

材料 1人分

- 鶏だし 300ml
- 片栗粉 小さじ1
- 塩、黒こしょう 各少々
- ごはん 100g
- カニ缶 1缶（100g）
- 溶きたまご 1個分

作り方

1. 小鍋にごはん、カニ缶を汁ごと、鶏だし、片栗粉、塩、黒こしょうを入れ、ごはんをほぐしながら全体を混ぜて、中火にかける。
2. 1の水面がグラグラと温まったら、弱火にしてフタを少しずらしてかけ、10分ほど温める。
3. 溶きたまごをまわしかけ、軽く箸で混ぜ、フタをしめ、火を止めてそのまま5分ほどおく。

310kcal

290kcal

カニカマとたまご豆腐のふわふわ粥

カニとたまごがなくても、美味しいお粥は作れる！
財布にやさしい食材を使った日常粥。

材料 🍴1人分

- 和風だし 300ml
- 小ねぎ(小口切り) 適量
- ごはん 100g
- カニカマ 40g
- たまご豆腐 1パック(100g)

作り方

1. カニカマの半分を食べやすい大きさに手でほぐす。たまご豆腐は1cm角に切る。
2. 小鍋にごはん、1の具材、和風だしを入れ、箸などでごはんをほぐして、中火にかける。
3. 2の水面がグラグラと温まったら、弱火にしてフタを少しずらしてかけ、10分ほど温める。
4. フタをしめ、火を止めてそのまま5分ほどおく。食べる直前に残りのカニカマ、小ねぎをのせる。

納豆キムチ粥

納豆とキムチの発酵食材が美味しいハーモニー！
腸にうれしい健康粥。

材料 🥣 1人分

- 水 300ml
- オイスターソース 小さじ2
- ごはん 100g
- キムチ 50g
- 納豆 1パック(50g)

作り方

1. 納豆は混ぜておく。
2. 小鍋にごはん、納豆、キムチ、水、オイスターソースを入れ、ごはんをほぐしながら混ぜて、中火にかける。
3. 2の水面がグラグラと温まったら、弱火にしてフタを少しずらしてかけ、10分ほど温める。
4. フタをしめ、火を止めてそのまま5分ほどおく。

MEMO
キムチはトッピング用にとっておいても◎。

タラと春菊のみそ粥

鍋をイメージしたほっこり粥。
春菊の苦味と香りを楽しんで！

材料 🍽 1人分

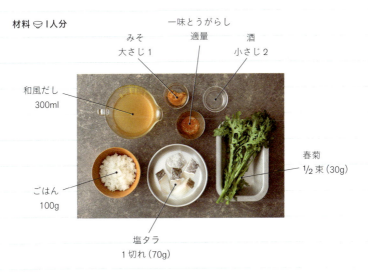

- 和風だし 300ml
- みそ 大さじ1
- 一味とうがらし 適量
- 酒 小さじ2
- ごはん 100g
- 塩タラ 1切れ (70g)
- 春菊 1/2束 (30g)

作り方

1 タラは食べやすい大きさに切る。

2 鍋に水（分量外）を入れて中火にかけ、沸騰寸前に弱火にして、春菊を入れて30秒ほどサッとゆで、ザルにあげて、水気を切り、2cm幅に切る。

3 小鍋にごはん、1、2、和風だし、酒、みそを溶き入れ、ごはんをほぐしながら混ぜて、中火にかける。

4 3の水面がグラグラと温まったら、弱火にしてフタを少しずらしてかけ、10分ほど温める。

5 フタをしめ、火を止めてそのまま5分ほどおく。食べる直前に一味とうがらしをふりかける。

明太おろしバター粥

明太子とバターは鉄板の組み合わせで
みんなが大好きな味!

材料 🍚 1人分

- 和風だし 300ml
- 大根 長さ3cm(30g)
- しょうゆ 小さじ1
- バター 5g
- ごはん 100g
- 明太子 1/2腹(30g)
- 大葉 2枚

作り方

1. 明太子の皮をそぎ、身をほぐす。大根はおろし、水気を切る。明太子と大根をあえる。大葉は千切りにする。
2. 小鍋にごはん、和風だし、しょうゆ、バターを入れ、ごはんをほぐしながら混ぜて、中火にかける。
3. 2の水面がグラグラと温まったら、弱火にしてフタを少しずらしてかけ、10分ほど温める。
4. フタをしめ、火を止めてそのまま5分ほどおく。食べる直前に1をのせる。

259kcal

196kcal

酢白菜のゆず粥

酸味と柑橘の香りが漂う
夏にもぴったりなお粥！

材料 🍚 1人分

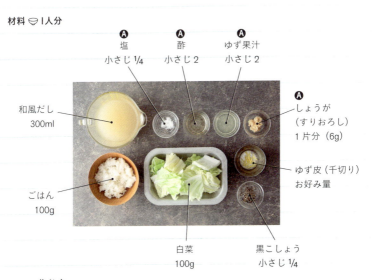

- 塩 小さじ1/4 **Ⓐ**
- 酢 小さじ2 **Ⓐ**
- ゆず果汁 小さじ2 **Ⓐ**
- しょうが（すりおろし）1片分（6g） **Ⓐ**
- 和風だし 300ml
- ごはん 100g
- 白菜 100g
- ゆず皮（千切り）お好み量
- 黒こしょう 小さじ1/4

作り方

1. 白菜は一口大に切る。ポリ袋に**Ⓐ**を入れてよく揉み込み、冷蔵庫で20分以上漬ける。
2. 小鍋にごはん、**1**をつけ汁ごと、和風だしを入れ、ごはんをほぐしながら混ぜて、中火にかける。
3. **2**の水面がグラグラと温まったら、弱火にしてフタを少しずらしてかけ、10分ほど温める。
4. フタをしめ、火を止めてそのまま5分ほどおく。食べる直前に黒こしょうをふり、お好みでゆず皮を散らす。

ツナとコーンのカレー粥

ツナとコーンの名コンビ。
カレーの風味が食欲をそそるスパイシー粥!

材料 🍚 1人分

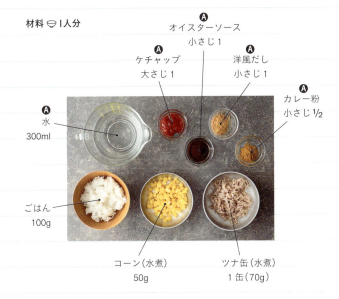

- 水 300ml **Ⓐ**
- ケチャップ 大さじ1 **Ⓐ**
- オイスターソース 小さじ1 **Ⓐ**
- 洋風だし 小さじ1 **Ⓐ**
- カレー粉 小さじ1/2 **Ⓐ**
- ごはん 100g
- コーン（水煮）50g
- ツナ缶（水煮）1缶（70g）

283kcal

作り方

1. ツナ缶、コーンは水気を切る。
2. 小鍋にごはん、1、Ⓐを入れ、箸などでごはんをほぐしながら、全体を混ぜて中火にかける。
3. 2の水面がグラグラと温まったら、弱火にしてフタを少しずらしてかけ、10分ほど温める。
4. フタをしめ、火を止めてそのまま5分ほどおく。

MEMO
ツナとコーンは少し残しておいて、
トッピングにしても◎。

エビとパクチーのアジアン粥

アジアを感じる甘辛いお粥。
プリプリのエビの食感も楽しんで！

満点！栄養

材料 🍽 1人分

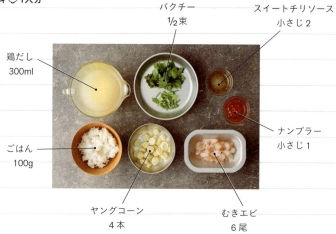

- 鶏だし 300ml
- パクチー 1/2束
- スイートチリソース 小さじ2
- ナンプラー 小さじ1
- ごはん 100g
- ヤングコーン 4本
- むきエビ 6尾

作り方

1. むきエビは包丁で粗めに刻む。ヤングコーンは5mm幅に切る。パクチーは茎と葉に分けて、1cm幅に切る。
2. 小鍋にごはん、パクチーの葉以外の**1**、鶏だし、スイートチリソース、ナンプラーを入れ、ごはんをほぐしながら混ぜて、中火にかける。
3. **2**の水面がグラグラと温まったら、弱火にしてフタを少しずらしてかけ、10分ほど温める。
4. フタをしめ、火を止めてそのまま5分ほどおく。食べる直前にパクチーの葉をのせる。

MEMO
パクチーの茎は一緒に煮込むことで風味が増します。

299kcal

牛しぐれ粥

ごぼうのほっこり感も楽しめる和風粥。
牛肉でちょっとリッチに♪

材料 🍚 1人分

- 和風だし 300ml
- ごはん 100g
- 牛こま切れ肉 70g
- ごぼう 1/4本(30g)
- Ⓐ 酒 大さじ1
- Ⓐ しょうが(すりおろし) 1片(6g)
- Ⓐ しょうゆ 小さじ2
- Ⓐ みりん 小さじ1

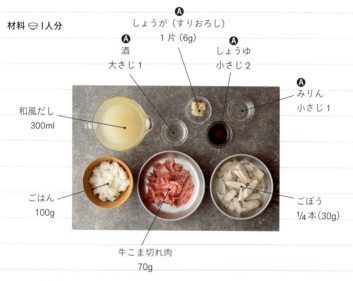

作り方

1. ごぼうは斜め切りにする。
2. 小鍋にⒶを入れて中火にかける。沸騰したら、牛肉とごぼうを入れて汁気がほとんどなくなるまで煮詰める。
3. 2にごはん、和風だしを入れ、ごはんをほぐしながら混ぜて、中火にかける。
4. 3の水面がグラグラと温まったら、弱火にしてフタを少しずらしてかけ、10分ほど温める。
5. フタをしめ、火を止めてそのまま5分ほどおく。

油揚げとエリンギのしょうゆ麹粥

油揚げを焼くひと手間で
ワンランク上の香ばしいお粥に。

材料 🍚 1人分

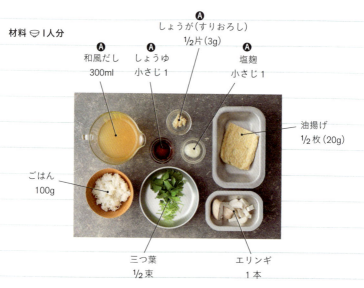

- 和風だし 300ml **A**
- しょうゆ 小さじ1 **A**
- しょうが(すりおろし) 1/2片(3g) **A**
- 塩麹 小さじ1 **A**
- 油揚げ 1/2枚(20g)
- ごはん 100g
- 三つ葉 1/2束
- エリンギ 1本

作り方

1. 油揚げはオーブントースター（1000W）で3～4分ほど軽く焼き目がつくまで焼き、短冊切りにする。エリンギは縦半分に切り、半月切りにする。三つ葉は茎と葉を分けて、ざく切りにする。

2. 小鍋にごはん、三つ葉の葉以外の<u>1</u>、**A**を入れ、ごはんをほぐしながら混ぜて、中火にかける。

3. <u>2</u>の水面がグラグラと温まったら、弱火にして、フタを少しずらしてかけ、10分ほど温める。

4. フタをしめ、火を止めてそのまま5分ほどおく。食べる直前に三つ葉の葉をのせる。

279kcal

242kcal

なめこのサンラータン風うおる

酸味と辛味の味わいがやみつきに♪
ねばねば具材で食欲がない時にも。

疲れた時に！

材料 🥣 1人分

- 鶏だし 300ml
- ラー油 適量
- 片栗粉 小さじ1
- 塩、黒こしょう 各少々
- ごはん 100g
- なめこ 50g
- もずく（味付け三杯酢）1パック(70g)
- 糸とうがらし 適量

作り方

1. 鶏だしと片栗粉は混ぜておく。なめこは水でサッと洗う。
2. 小鍋にごはん、1、もずくを汁ごと、塩、黒こしょうを入れ、ごはんをほぐしながら混ぜて、中火にかける。
3. 2の水面がグラグラと温まったら、弱火にしてフタを少しずらしてかけ、10分ほど温める。
4. フタをしめ、火を止めてそのまま5分ほどおく。食べる直前にラー油をかけて、糸とうがらしをのせる。

ほうれん草とかつお節のポン酢粥

まるでお浸しを食べるような
かつお節の香りが漂うヘルシー粥！

材料 🍚 1人分

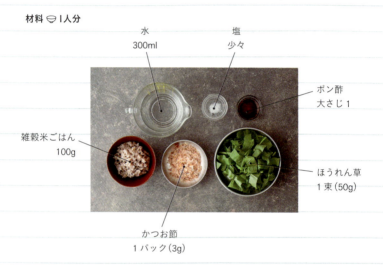

- 水 300ml
- 塩 少々
- ポン酢 大さじ1
- 雑穀米ごはん 100g
- かつお節 1パック(3g)
- ほうれん草 1束(50g)

作り方

1. ほうれん草を2cm幅に切り、鍋に水（分量外）を入れて中火にかけ、沸騰寸前に弱火にして、ほうれん草を30秒ほどサッとゆで、ザルにあげて水気を切る。
2. 小鍋にごはん、水、1、かつお節、ポン酢、塩を入れ、ごはんをほぐして、中火にかける。
3. 2の水面がグラグラと温まったら、弱火にしてフタを少しずらしてかけ、10分ほど温める。
4. フタをしめ、火を止めてそのまま5分ほどおく。

197kcal

しらすとたくわんのピリ辛粥

たくわんのカリカリ食感としらすの旨味に
豆板醤がナイスマッチ！

材料 🍚 1人分

- 鶏だし 300ml
- にんにく(すりおろし) 1/2片 (3g)
- 豆板醤 小さじ1/2
- ごはん 100g
- しらす 20g
- たくわん 30g

作り方

1. たくわんは1cm角に切る。
2. 小鍋にごはん、しらす、1、にんにく、鶏だし、豆板醤を入れ、豆板醤を溶かし、ごはんをほぐしながら混ぜて、中火にかける。
3. 2の水面がグラグラと温まったら、弱火にしてフタを少しずらしてかけ、10分ほど温める。
4. フタをしめ、火を止めてそのまま5分ほどおく。

タイとみょうがのさっぱり粥

刺身を使ってお手軽に。冷やして食べても◎。

材料 🥣 1人分

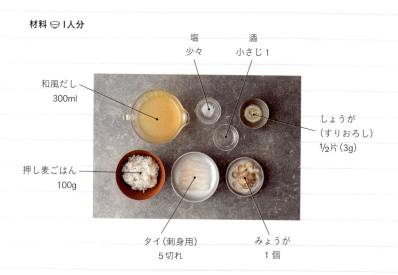

- 和風だし 300ml
- 塩 少々
- 酒 小さじ1
- しょうが(すりおろし) 1/2片(3g)
- 押し麦ごはん 100g
- タイ(刺身用) 5切れ
- みょうが 1個

作り方

1. みょうがは小口切りにする。
2. 小鍋にごはん、みょうが、しょうが、和風だし、酒、塩を入れ、ごはんをほぐしながら混ぜて、上にタイを並べて中火にかける。
3. 2の水面がグラグラと温まったら、弱火にしてフタを少しずらしてかけ、10分ほど温める。
4. フタをしめ、火を止めてそのまま5分ほどおく。

二日酔いの時にも

230kcal

ひじきときゅうりの冷やし粥

冷や汁をイメージした具だくさんのさっぱり粥。

材料 🍚 1人分

- 和風だし 400ml
- ひじき（乾燥）小さじ1
- 塩 少々
- いりごま（白）小さじ1
- ごはん 100g
- ツナ缶（ノンオイル）1缶（70g）
- きゅうり 1/4本

作り方

1. ツナ缶は水気を切る。ひじきは水でサッと洗う。きゅうりは小口切りにして、塩少々（分量外）で揉み込み、水気を切る。

2. 小鍋にごはん、ツナ缶、ひじき、和風だし、塩を入れ、ごはんをほぐしながら混ぜて、中火にかける。

3. 2の水面がグラグラと温まったら、弱火にしてフタを少しずらしてかけ、10分ほど温める。

4. フタをしめ、火を止めてそのまま5分ほどおき、粗熱がとれたら、冷蔵庫で1時間ほど冷やす。食べる直前にきゅうり、いりごまをのせる。

バナナのココナッツ粥

タイのデザートをイメージした爽やか粥。

材料 🥣 1人分

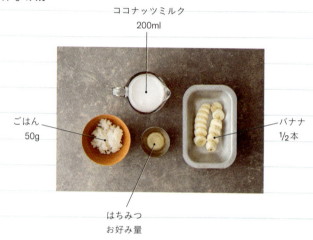

- ココナッツミルク 200ml
- ごはん 50g
- バナナ 1/2本
- はちみつ お好み量

作り方

1. バナナは1cm幅の輪切りにする。
2. 小鍋にごはん、バナナ、ココナッツミルクを入れ、ごはんをほぐしながら混ぜて、中火にかける。
3. 2の水面がグラグラと温まったら、弱火にしてフタを少しずらしてかけ、5分ほど温める。
4. フタをしめ、火を止めてそのまま5分ほどおく。お好みではちみつをかける。

あずきの抹茶粥・きなこ粥

人気の「抹茶」と「きなこ」を使った和のデザート粥。
冷温どちらでも美味しくいただけます！

材料 ◯ 1人分

- 牛乳 200ml
- 抹茶粥の場合：抹茶パウダー 小さじ2
- ごはん 50g
- つぶあん(市販) 30g
- きなこ粥の場合：きなこ 大さじ1

作り方

1 牛乳と粉（抹茶パウダー or きなこ）は先によく混ぜておく。

2 小鍋にごはん、1、つぶあんを入れ、ごはんをほぐしながら混ぜて、中火にかける。

3 2の水面がグラグラと温まったら、弱火にしてフタを少しずらしてから、10分ほど温める。

4 フタをしめ、火を止めてそのまま5分ほどおく。

あずきの抹茶粥
311kcal
あずきのきなこ粥
320kcal

深めの耐熱ボウルや
電子レンジOKの
保存容器を使ってください！
（フタは使用しません）

第3章
電子レンジで作る！
すぐでき！お粥ごはん

難しいことは抜き！
電子レンジをうまく活用しましょう◎。
疲れた時、食欲がない時に
ぴったりなレシピです。

うめ粥

大人気の定番うめ粥。

梅干しは
はちみつ漬けがおすすめ！

180kcal

材料 🍚 1人分

ごはん … 100g
梅干し … 1個
和風だし … 200ml

作り方

1. 梅干しはタネを除き、実をほぐす。
2. 耐熱容器にごはん、梅干し、和風だしを入れ、軽くかきまぜてふんわりとラップをし、電子レンジ(600W)で5分ほど温める。
3. 加熱後3分ほどそのままの状態で置いておく。

レモン粥

爽やかさと酸味を楽しめる柑橘粥。

200kcal

材料 🥣 1人分

ごはん … 100g
鶏だし … 200ml
レモン汁 … 小さじ2
塩 … 少々
レモンスライス … お好み量
オリーブオイル … お好み量

作り方

1 耐熱容器にごはん、鶏だし、レモン汁、塩を入れ、軽くかきまぜて、ふんわりとラップをし、電子レンジ（600W）で5分ほど温める。

2 加熱後3分ほどそのままの状態で置いておく。お好みでレモンスライス（いちょう切り）を添え、オリーブオイルをかけても。

ねぎぞうすい

たっぷりのねぎにごまの風味を楽しんで。

220kcal

材料 🍚 1人分

ごはん … 100g
長ねぎ … 40g
鶏だし … 200ml
いりごま(白) … 小さじ1
塩 … 少々
ごま油 … お好み量

作り方

1. 長ねぎは小口切りにする。
2. 耐熱容器にごはん、鶏だし、長ねぎ、いりごま、塩を入れ、軽くかきまぜて、ふんわりとラップをし、電子レンジ(600W)で5分ほど温める。
3. 加熱後3分ほどそのままの状態で置いておく。お好みでごま油をまわしかける。

たまご粥

ふわふわたまごの食感がやさしいお粥。

265kcal

材料 🍚 1人分

ごはん … 100g
たまご … 1個
和風だし … 200ml
片栗粉 … 小さじ1
塩 … 少々
きざみのり … お好み量

作り方

1. たまごは溶く。片栗粉は和風だしで溶いておく。
2. 耐熱容器にごはん、和風だし、塩を入れ、ふんわりとラップをし、電子レンジ（600W）で3分ほど温める。
3. 途中取り出し、ごはんをかきまぜ、1のたまごを流し入れ、再度ラップをして、2分ほど温める。
4. 加熱後3分ほどそのままの状態で置いておく。食べる直前にお好みできざみのりをのせる。

あおさの昆布茶粥

磯の香りが口いっぱいに広がる昆布茶粥。

178kcal

材料 🍚 1人分

ごはん … 100g
あおさ … 5g
水 … 200ml
昆布茶（粉末）
　… 小さじ2

作り方

1. 耐熱容器にごはん、あおさ、水、昆布茶を入れ、軽くかきまぜて、ふんわりとラップをし、電子レンジ（600W）で5分ほど温める。
2. 加熱後3分ほどそのままの状態で置いておく。

ちりめんじゃことメンマの中華粥

酢を入れたさっぱり粥。夏にもぜひ！

206kcal

材料 1人分

- ごはん … 100g
- ちりめんじゃこ … 大さじ2
- メンマ … 20g
- 鶏だし … 200ml
- 黒酢（酢でも可）… 小さじ2
- しょうゆ … 小さじ1

作り方

1. メンマは粗めにきざむ。
2. 耐熱容器にごはん、ちりめんじゃこ、メンマ、鶏だし、黒酢、しょうゆを入れ、軽くかきまぜて、ふんわりとラップをし、電子レンジ（600W）で5分ほど温める。
3. 加熱後3分ほどそのままの状態で置いておく。

オクラの柚子胡椒ぞう

とろ～りオクラにピリッとした薬味がクセになる！

266kcal

材料 🍽 1人分

ごはん … 100g
オクラ … 3本
温泉たまご … 1個
（※ P18 参照）
ゆずこしょう … 小さじ½
和風だし … 200ml

作り方

1. オクラは塩少々（分量外）をふりかけ、まな板で板ずりをし、水で洗い、小口切りにする。
2. 耐熱容器にごはん、1、ゆずこしょう、和風だしを入れ、ゆずこしょうが溶けるように混ぜて、ふんわりとラップをし、電子レンジ（600W）で5分ほど温める。
3. 加熱後3分ほどそのままの状態で置いておく。食べる直前に温泉たまごをのせる。

野沢菜のわさび粥

わさび特有のツーンとする刺激を味わって。

\お好みでわさびを
追加しても◎

212kcal

材料 🍚 1人分

ごはん … 100g
野沢菜漬け
(2cm幅に切る) … 40g
和風だし … 200ml
みりん … 小さじ1
わさび … 小さじ1

作り方

1. 耐熱容器にごはん、野沢菜漬け、和風だし、みりん、わさびを入れ、軽くかきまぜて、ふんわりとラップをし、電子レンジ(600W)で5分ほど温める。

2. 加熱後3分ほどそのままの状態で置いておく。

豆苗の生姜粥

しょうがが効いた体がポカポカするお粥。

195kcal

材料 1人分

ごはん … 100g
豆苗 … 1/6束(20g)
しょうが(すりおろし)
… 1片(6g)
水 … 200ml
めんつゆ(3倍濃縮)
… 大さじ1

作り方

1. 豆苗は2cm幅に切る。
2. 耐熱容器にごはん、1、しょうが、水、めんつゆを入れ、軽くかきまぜて、ふんわりとラップをし、電子レンジ(600W)で5分ほど温める。
3. 加熱後3分ほどそのままの状態で置いておく。

かぼちゃのしょうゆバター粥

かぼちゃの甘さをしょうゆバターでまろやかに。

かぼちゃは軽くつぶしながら食べても

260kcal

材料 🥣 1人分

- ごはん … 100g
- かぼちゃ … 50g
- しょうゆ … 小さじ2
- バター … 5g
- 水 … 200ml
- 塩、黒こしょう … 各少々

作り方

1. かぼちゃは皮をむき、水でサッと洗い、耐熱皿に入れ、電子レンジ(600W)で3〜4分ほど温め、粗熱がとれたら、1cm角に切る。
2. 耐熱容器にごはん、1、しょうゆ、バター、水、塩、黒こしょうを入れ、軽くかきまぜて、ふんわりとラップをし、電子レンジ(600W)で5分ほど温める。
3. 加熱後3分ほどそのままの状態で置いておく。

高菜の八角粥

八角の風味で即席台湾粥に。

187kcal

材料 1人分

- ごはん … 100g
- 高菜漬け … 20g
- 八角 … 1/2片
- 鶏だし … 200ml
- しょうゆ … 小さじ1

作り方

1. 耐熱容器にごはん、高菜漬け、八角、鶏だし、しょうゆを入れ、軽くかきまぜて、ふんわりとラップをし、電子レンジ（600W）で5分ほど温める。
2. 加熱後3分ほどそのままの状態で置いておく。食べる際に、八角は取り除く。

とろろ昆布の梅麹粥

とろろ昆布のねばねばをお粥にからめて。

197kcal

材料 1人分

ごはん … 100g
とろろ昆布 … 3g
梅干し … 1個
塩麹 … 小さじ2
水 … 200ml

作り方

1. 梅干しはタネから実を分けて、実をほぐす。
2. 耐熱容器にごはん、とろろ昆布、1、塩麹、水を入れ、軽くかきまぜて、ふんわりとラップをし、電子レンジ（600W）で5分ほど温める。
3. 加熱後3分ほどそのままの状態で置いておく。

塩昆布とセロリのほうじ茶粥

塩昆布の旨味とセロリのシャキシャキ感を味わって。

ほうじ茶は濃いものがおすすめ！

184kcal

材料 1人分

ごはん … 100g
塩昆布 … 7g
セロリ … 40g
しいたけ … 1個
ほうじ茶 … 200ml

作り方

1. セロリは小口切りにする。しいたけは薄切りにする。
2. 耐熱容器にごはん、塩昆布、1、ほうじ茶を入れ、軽くかきまぜて、ふんわりとラップをし、電子レンジ（600W）で5分ほど温める。
3. 加熱後3分ほどそのままの状態で置いておく。

わかめの胡麻粥

すりごまの風味が生きたシンプルなお粥。

206kcal

材料 🍽 1人分

ごはん … 100g
わかめ(乾燥) … 小さじ1
すりごま(白) … 小さじ2
にんにく(すりおろし)
… 1/2片(3g)
鶏だし … 200ml
塩、黒こしょう … 各少々

作り方

1. 耐熱容器にごはん、わかめ、すりごま、にんにく、鶏だし、塩、黒こしょうを入れ、軽くかきまぜて、ふんわりとラップをし、電子レンジ(600W)で5分ほど温める。
2. 加熱後3分ほどそのままの状態で置いておく。

韓国のり粥

のりとオイスターソースで、だしいらず！

200kcal

材料 🍚 1人分

ごはん … 100g
韓国のり … 6枚
水 … 200ml
オイスターソース
　… 大さじ1

作り方

1. 韓国のりは細かめにちぎる。
2. 耐熱容器にごはん、水、1、オイスターソースを入れ、軽くかきまぜて、ふんわりとラップをし、電子レンジ（600W）で5分ほど温める。
3. 加熱後3分ほどそのままの状態で置いておく。

桜エビのナンプラー粥

旨味がギュッと詰まった即席エスニック粥。

186kcal

材料 1人分

ごはん … 100g
桜エビ … 大さじ2
水 … 200ml
ナンプラー … 小さじ2

作り方

1 耐熱容器にごはん、水、桜エビ、ナンプラーを入れ、軽くかきまぜて、ふんわりとラップをし、電子レンジ（600W）で5分ほど温める。

2 加熱後3分ほどそのままの状態で置いておく。

長芋のすりながし粥

ふわとろ食感がやさしい雪見粥。

231kcal

材料 1人分

ごはん … 100g
長芋 … 80g
青のり … 小さじ1
和風だし … 200ml
ポン酢 … 小さじ2

作り方

1 長芋はすりおろす。
2 耐熱容器にごはん、<u>1</u>の半分、青のり、和風だし、ポン酢を入れ、軽くかきまぜて、ふんわりとラップをし、電子レンジ（600W）で5分ほど温める。
3 加熱後3分ほどそのままの状態で置いておく。食べる直前に<u>1</u>の半分をかける。

グリーンピースの鶏粥

プチプチ食感がアクセント！色合いも楽しんで。

252kcal

材料 🍚 1人分

ごはん … 100g
グリーンピース（冷凍）… 50g
鶏だし … 200ml
みりん … 小さじ2
塩、黒こしょう … 各少々

作り方

1. 耐熱容器にごはん、グリーンピース、鶏だし、みりん、塩、黒こしょうを入れ、軽くかきまぜて、ふんわりとラップをし、電子レンジ（600W）で5分ほど温める。

2. 加熱後3分ほどそのままの状態で置いておく。

毎日食べたい！お粥ごはん

2019年10月13日　第1刷

著者 … エダジュン
デザイン … 中島美佳
撮影 … 佐藤 朗
スタイリング … 小坂 桂
イラスト … 海老佐和子(esk)
カロリー計算 … 緑川鮎香
調理アシスタント … 関沢愛美
校正 … 聚珍社

発行人 … 井上 肇
編集 … 熊谷由香理
発行所 … 株式会社パルコ　エンタテインメント事業部
　　　　〒150-0042　東京都渋谷区宇田川町15-1
　　　　☎ 03-3477-5755
印刷・製本 … 株式会社加藤文明社

©2019 EDAJUN
©2019 PARCO CO.,LTD.
ISBN978-4-86506-316-5　C2077

Printed in Japan
無断転載禁止

落丁本・乱丁本は購入書店を明記のうえ、
小社編集部あてにお送り下さい。
送料小社負担にてお取り替えいたします。
〒150-0045　東京都渋谷区神泉8-16
渋谷ファーストプレイス　パルコ出版　編集部

免責事項
本書のレシピについては万全を期しておりますが、
万が一、けがややけど、破損・損害などが生じた場合でも、
著者および発行所は一切の責任を負いません。